SOCIÉTÉ
POUR L'INSTRUCTION ÉLÉMENTAIRE.

DE
L'ÉGALITÉ D'ÉDUCATION

CONFÉRENCE POPULAIRE

FAITE A LA SALLE MOLIÈRE

Le 10 Avril 1870

Par M. JULES FERRY

PARIS
AU SIÉGE DE LA SOCIÉTÉ

1870

CONFÉRENCE

(du 10 Avril 1870)

Au profit de la Société pour l'Instruction élémentaire

(SALLE MOLIÈRE)

Sujet : DE L'ÉGALITÉ D'ÉDUCATION

Président, M. Jules SIMON; Orateur, M. Jules FERRY

MM. Jules Simon et Jules Ferry sont accueillis, à leur entrée dans la salle, par plusieurs salves d'applaudissements. M. Jules Simon donne la parole à M. Ferry.

DISCOURS DE M. JULES FERRY

Mesdames et Messieurs,

L'accueil bienveillant que vous nous faites m'engage à commencer par un aveu; je ne veux pas vous prendre en traître, — car cette Conférence n'est qu'une conversation où vous apportez, vous, votre bienveillante attention et moi quelques études, quelques recherches et rien de plus, novice que je suis dans ce bel art de la conférence, dont vous avez ici (*se tournant vers M. Jules Simon*) un des premiers maîtres. (*Nombreux applaudissements.*)

L'aveu que j'ai à vous faire, c'est que je vais vous parler d'abord philosophie. Il faut de la philosophie en toute chose; il en faut surtout dans le sujet qui nous occupe.

J'ai moi-même choisi ce sujet ; je l'ai défini : DE L'ÉGALITÉ D'ÉDUCATION, et je suis sûr que, parmi les personnes qui me font l'honneur de m'entendre, il en est un grand nombre qui, à l'aspect de ce titre un peu général, un peu mystérieux, se sont dit : quelle est cette utopie? Or, ma prétention est de vous montrer que l'égalité d'éducation n'est pas une utopie, que c'est un principe, qu'en droit elle est incontestable et qu'en pratique, dans des limites que je dirai, et en vertu d'une expérience décisive, que j'ai principalement pour but de vous faire connaître, cette utopie apparente est dans l'ordre des choses possibles.

Qu'est-ce d'abord que l'égalité? est-ce un mot retentissant? une formule vide de sens? n'est-ce qu'un mauvais sentiment? n'est-ce qu'une chimère?

L'égalité, Messieurs, c'est la loi même du progrès humain! c'est plus qu'une théorie, c'est un fait social, c'est l'essence même et la légitimité de la société à laquelle nous appartenons. En effet, la société moderne, aussi bien que la société ancienne, est la démonstration vivante et quotidienne de cette vérité, qui devient, de nos jours, de plus en plus visible : à savoir, que la société humaine n'a qu'un but, qu'une loi de développement, qu'une fin dernière : atténuer de plus en plus, à travers les âges, les inégalités primitives données par la nature. (*Applaudissements.*)

En voici deux exemples : Quelle est la première, la plus abusive, la plus antique et la plus brutale des inégalités naturelles? c'est évidemment celle de la force musculaire. C'est sous la force brutale que l'humanité a gémi pendant de longs siècles. Dans les sociétés primitives, qu'est-ce qui règne? la force brutale, la force musculaire, la force individuelle. Aussi, les sociétés primitives sont-elles celles où l'inégalité est la plus accablante, la plus outrageante pour l'humanité.

Dans ces temps primitifs l'idéal de l'humanité, ce sont les

héros, dont les poëtes anciens nous ont conté les hauts faits :
les *Hercule*, les *Thésée*. Que sont en somme ces héros,
ces demi-dieux ? Permettez-moi l'expression : ce sont des
gendarmes (*rires*), ce sont de redoutables, d'excellents gendarmes qui parcouraient le monde, comme dit un de nos
grands poëtes :

> ....du Nord au Midi ; sur la création,
> Hercule promenait l'éternelle justice
> Sous son manteau sanglant taillé dans un lion.

Telle est la société antique ; elle estime par-dessus tout la
force musculaire, la force individuelle, et pour l'idéaliser,
elle l'imagine consacrée au rétablissement de l'ordre général.
Mais voyez la différence avec les temps modernes : aujourd'hui que la force publique est à la disposition de tout le
monde (*rires*), la sécurité sociale est devenue le bien de
tous, et si Hercule, le grand gendarme idéal d'autrefois, s'avisait de vouloir faire la police dans nos cités, s'il voulait seulement chasser les monstres, sans s'être muni préalablement
d'un port-d'armes, le moindre petit commissaire de police
lui mettrait aussitôt la main sur l'épaule et, sans difficulté,
le conduirait au poste. (*Rires*.)

Voilà un premier pas ; celui-ci est tout à fait acquis, dans
cette progression décroissante des inégalités naturelles, qui
est, à mes yeux, le fondement même et la légitimation de
la société. L'humanité a fait cette conquête ; l'avantage de
la force musculaire est annulé, ou à peu près. Mais n'est-il
pas vrai aussi que la société moderne, qui a extirpé cette
inégalité-là, en a conservé une autre, plus redoutable peut-être, celle qui résulte de la richesse ? Cela est vrai, Messieurs.
Seulement, considérez dès à présent combien cette inégalité,
qui résulte de la richesse, s'est déjà atténuée, affaiblie, modérée par le progrès des temps. Il n'y a pas bien longtemps
encore que, dans ce pays de France, la richesse conférait des

droits exceptionnels. La possession de la terre, au siècle dernier, n'avait pas cessé d'être la source du pouvoir social, du droit public ; certaines propriétés conféraient certains droits, et le premier de tous, le droit de rendre la justice, comme à l'heure présente, dans cette libre et grande Angleterre, la fonction de juge de paix reste encore le monopole exclusif des propriétaires du sol ; ainsi chez nous, au siècle dernier, et surtout deux ou trois siècles avant, la possession de la terre conférait les droits de haute et de basse justice.

Cet état de choses a disparu ; la Révolution a passé sur ces outrages à la conscience humaine ; mais un peu plus tard, et plusieurs de ceux qui sont ici peuvent s'en souvenir, — la possession de la terre, la jouissance d'un certain capital entraînait encore un privilége: le droit de voter, le droit de contribuer à la formation des pouvoirs publics ; cela subsistait encore, il y a vingt ans ; ces temps sont loin, heureusement! (*Applaudissements.*)

Il n'y a pas jusqu'au droit de travailler, le plus essentiel de tous les droits, qui ne fût aussi, il y a quatre-vingts ans, en quelque manière, un privilége de la naissance ; les métiers étaient organisés en corporations ; les corporations se recrutaient dans des conditions déterminées ; les fils de maîtres avaient un droit personnel d'antériorité, de préférence, sur ceux qui avaient eu le malheur de naître en dehors des cadres de la corporation ; la Révolution arriva et balaya cette iniquité, ce privilége de la naissance, comme elle avait fait disparaître les autres priviléges et les autres iniquités.

En somme, voilà les deux grandes conquêtes de ce siècle : la liberté du travail et le suffrage universel ; désormais, ni le droit de travailler, ni le droit de voter, c'est-à-dire de contribuer à la formation des pouvoirs publics, ne sont plus attachés au hasard de la naissance, ils sont le patrimoine de tout homme venant en ce monde. (*Vifs applaudissements.*)

Cela étant, notre siècle peut se dire à lui-même qu'il est un grand siècle. J'entends souvent parler de la décadence du temps présent ; je vous l'avoue, Messieurs, je suis rebattu de ces jérémiades, et j'ai d'ailleurs remarqué depuis longtemps que cette plainte est celle de gens qui résistent, sans peut-être s'en rendre compte, au courant de la civilisation moderne, et qui ne peuvent se résoudre à prendre leur parti de l'ère démocratique où nous sommes entrés. (*Applaudissements.*)

Non ! nous ne sommes pas une société en décadence, parce que nous sommes une société démocratique ; nous avons fait ces deux grandes choses, nous avons affranchi le droit de vote et le droit au travail ; c'en est assez, et nous pouvons bien, une fois par hasard, nous qui nous laissons aller, comme tout le monde, à médire du temps présent, nous abandonner à un élan d'estime pour nous-mêmes, et dire : Oui ! nous sommes un grand siècle. (*Applaudissements nombreux.*)

Mais nous sommes un grand siècle à de certaines conditions : nous sommes un grand siècle à la condition de bien connaître quelle est l'œuvre, quelle est la mission, quel est le devoir de notre siècle. Le siècle dernier et le commencement de celui-ci ont anéanti les priviléges de la propriété, les priviléges et la distinction des classes ; l'œuvre de notre temps n'est pas assurément plus difficile. A coup sûr, elle nécessitera de moindres orages, elle exigera de moins douloureux sacrifices ; c'est une œuvre pacifique, c'est une œuvre généreuse, et je la définis ainsi : faire disparaître la dernière, la plus redoutable des inégalités qui viennent de la naissance, l'inégalité d'éducation. C'est le problème du siècle et nous devons tous nous y attacher. Et, quant à moi, lorsqu'il m'échut ce suprême honneur de représenter une portion de la population parisienne dans la Chambre des députés, je me suis fait un serment : entre toutes les questions, entre toutes les nécessités du temps présent, entre tous les problèmes, j'en choisirai un auquel je consacrerai tout ce que j'ai d'intelligence, tout ce que j'ai d'âme, de cœur, de puissance physique et morale, c'est le problème de l'éducation du peuple. (*Vifs applaudissements.*)

L'inégalité d'éducation est, en effet, un des résultats les plus criants et les plus fâcheux, au point de vue social, du hasard de la naissance. Avec l'inégalité d'éducation, je vous défie d'avoir jamais l'égalité des droits, non l'égalité théorique, mais l'égalité réelle, et l'égalité des droits est pourtant le fond même et l'essence de la démocratie.

Faisons une hypothèse et prenons la situation dans un de ses termes extrêmes : supposons que celui qui naît pauvre naisse nécessairement et fatalement ignorant ; je sais bien que c'est là une hypothèse, et que l'instinct humanitaire et les institutions sociales, même celles du passé, ont toujours empêché cette extrémité de se produire ; il y a toujours eu dans tous les temps, — il faut le dire à l'honneur de l'humanité, — il y a toujours eu quelques moyens d'enseignement plus ou moins organisés, pour celui qui était né pauvre, sans ressources, sans capital. Mais, puisque nous sommes dans la philosophie de la question, nous pouvons supposer un état des choses où la fatalité de l'ignorance s'ajouterait nécessairement à la fatalité de la pauvreté, et telle serait, en effet, la conséquence logique, inévitable d'une situation dans laquelle la science serait le privilége exclusif de la fortune. Or, savez-vous, Messieurs, comment s'appelle dans l'histoire de l'humanité cette situation extrême ? c'est le régime des castes. Le régime des castes faisait de la science l'apanage exclusif de certaines classes. Et si la société moderne n'avisait pas à séparer l'éducation, la science, de la fortune, c'est-à-dire du hasard de la naissance, elle retournerait tout simplement au régime des castes.

A un autre point de vue, l'inégalité d'éducation est le plus grand obstacle que puisse rencontrer la création de mœurs vraiment démocratiques. Cette création s'opère sous nos yeux, c'est déjà l'œuvre d'aujourd'hui, ce sera surtout l'œuvre de demain ; elle consiste essentiellement à remplacer les relations d'inférieur à supérieur sur lesquelles le monde a vécu pendant tant de siècles, par des rapports d'égalité. Ici, je m'explique et je sollicite toute l'attention de mon bienveillant auditoire. Je ne viens pas prêcher je ne sais quel nivellement absolu des conditions sociales qui supprimerait dans la société les rapports de commandement et d'obéissance. Non, je ne les supprime pas, je les modifie. Les sociétés anciennes admettaient que l'humanité fût divisée en deux classes : ceux qui commandent et ceux qui obéissent ; tandis que la notion du commandement et de l'obéissance qui convient à une société démocratique comme la nôtre est celle-ci : il y a toujours, sans doute, des hommes qui commandent, d'autres hommes qui obéissent, mais le commandement et l'obéissance sont alternatifs, et c'est à chacun à son tour de commander et d'obéir. (*Applaudissements.*)

Voilà la grande distinction entre les sociétés démocratiques et celles qui ne le sont pas. Ce que j'appelle le commandement démocratique ne consiste donc plus dans la distinction de l'inférieur et du supérieur ; il n'y a plus ni inférieur ni supérieur ; il y a deux hommes égaux qui contractent ensemble, et alors dans le maître et dans le serviteur vous n'apercevez plus que deux contractants ayant chacun leurs droits précis, limités et prévus ; chacun leurs devoirs et, par conséquent, chacun leur dignité. (*Applaudissements répétés.*)

Voilà ce que doit être un jour la société moderne ; mais, — et c'est ainsi que je reviens à mon sujet, — pour que ces mœurs égales dont nous apercevons l'aurore s'établissent, pour que la réforme démocratique se propage dans le monde, quelle est la première condition ? C'est qu'une certaine éducation soit donnée à celui qu'on appelait autrefois un *inférieur*, à celui qu'on appelle encore un *ouvrier*, de façon à lui inspirer ou à lui rendre le sentiment de sa dignité ; et, puisque c'est un contrat qui règle les positions respectives, il faut au moins qu'il puisse être compris des deux parties. (*Nombreux applaudissements.*)

Enfin, dans une société qui s'est donné pour tâche de fonder la liberté, il y a une grande nécessité de supprimer les distinctions de classes. Je vous le demande, de bonne foi, à vous tous qui êtes ici et qui avez reçu des degrés d'éducation divers, je vous demande si, en réalité, dans la société actuelle, il n'y a plus de distinction de classes ? Je dis qu'il en existe encore ; il y en a une qui est fondamentale et d'autant plus difficile à déraciner que c'est la distinction entre ceux qui ont reçu l'éducation et ceux qui ne l'ont point reçue. Or, Messieurs, je vous défie de faire jamais de ces deux classes une nation égalitaire, une nation animée de cet esprit d'ensemble et de cette confraternité d'idées qui font la force des vraies démocraties, si, entre ces deux classes, il n'y a pas eu le premier rapprochement, la première fusion qui résulte du mélange des riches et des pauvres sur les bancs de quelque école. (*Applaudissements.*)

L'antiquité l'avait compris et les républiques antiques posaient en principe que, pour les enfants des pauvres et pour les enfants des riches, il ne devait y avoir qu'un seul et même mode d'éducation. La société antique, excessive en toutes choses et facilement oppressive, parce qu'elle se confinait en général dans les murs d'une étroite cité, ne craignait pas d'arracher l'enfant à la famille et de le livrer tout entier, corps et âme, à la république. (*Applaudissements.*)

Quand le christianisme vint remplacer la civilisation antique, une conception du même genre se rencontra chez les hommes supérieurs qui eurent, pendant une longue série de siècles, la direction de la société chrétienne. Je suis de ceux, Messieurs, qui ont pour le christianisme une admiration historique (*rires*) très-grande et très-sincère ; je trouve qu'il s'est fait là, pendant dix-huit siècles, un travail d'hommes et de cerveaux humains qui est à confondre d'admiration, quand aujourd'hui on l'étudie d'un peu haut et qu'on l'analyse dans son ensemble. Ah ! c'étaient des hommes puissants par la pensée ; ce n'étaient pas seulement des prêtres, c'étaient des hommes d'État, ces organisateurs de la société chrétienne et catholique qui ont fondé tant de choses que nous avons tant de peine à transformer. Eh bien ! on retrouve chez eux le principe dont nous parlons ; on reconnait facilement, on peut toucher du doigt dans la société catholique, dans la société du moyen âge, le principe de l'égalité d'éducation.

De même que la république antique arrachait les enfants à leurs familles en disant : l'enfant appartient à la république ; de même le christianisme, arrivant dans des temps différents pour établir, par dessus les divisions politiques et les différences de nationalités, une sorte de république chrétienne, le christianisme disait : l'enfant appartient à l'Église, et alors il institua pour l'enfant, non-seulement pour l'enfant riche, — je le dis à son honneur, — mais tout autant pour l'enfant pauvre, un mode d'éducation dont le principe caractéristique était rigoureusement égalitaire. Au premier degré, on apprenait le Catéchisme (*rires nombreux*) ; au second degré, on apprenait la langue sacrée, le latin, et puis, quand on avait appris ces deux choses, on savait tout ce qu'il importait de savoir dans la société chrétienne (*applaudissements et rires*), on était un chrétien accompli, un savant, un *clerc*, on avait toute la science chrétienne.

Cet enseignement subsista pendant des siècles, puis il dégénéra, et, comme toutes choses, se décomposa. Ceux qui ont lu *Rabelais* peuvent se rappeler le premier chapitre de cette œuvre immortelle ; ils y verront, sous le titre de l'éducation de Gargantua, la plus comique parodie du système, avec le catalogue des livres vermoulus, des rudiments invraisemblables, des méthodes absurdes et grotesques qui formaient le fond de cette vieille pédagogie du moyen âge, qui comptait Gargantua parmi ses plus beaux produits.(*Rires.*)

Après *Rabelais,* qui s'égayait sur ce sujet comme sur les autres, la critique austère se mit de la partie : entre autres, *Milton,* l'auteur du *Paradis perdu*, qui, comme vous le savez, a écrit sur toutes choses, sur la philosophie et sur la religion, car ce n'était pas seulement un poëte, c'était un polémiste, un journaliste des plus passionnés et des plus féconds de son temps. Milton reprit avec chaleur la thèse que Rabelais avait esquissée ; il s'éleva avec éloquence contre ce système qui consiste, disait-il, à faire *ratisser* du latin aux jeunes générations pendant sept à huit ans, tandis qu'en un an ou deux on pourrait en voir la fin.

C'est qu'aussi, Messieurs, à cette époque, le mouvement scientifique moderne faisait dans le monde sa première apparition ; et voilà ce qui donnait le coup mortel à l'éducation commune, arriérée et routinière de l'école chrétienne. D'une nouvelle direction de la pensée humaine, un nouveau système d'éducation devait sortir. Ce système se développa, se précisa avec le temps, et un jour il trouva son prophète, son apôtre, son maître dans la personne d'un des plus grands philosophes dont le dix-huitième siècle et l'humanité puissent s'honorer, dans un homme qui a ajouté à une conviction philosophique, à une valeur intellectuelle incomparable, une conviction républicaine poussée jusqu'au martyre, je veux parler de Condorcet. (*Applaudissements.*) C'est Condorcet qui, le premier, a formulé avec une grande précision de théorie et de détails le système d'éducation qui convient à la société moderne.

J'avoue que je suis resté confondu quand, cherchant à vous

apporter ici autre chose que mes propres pensées, j'ai rencontré dans Condorcet ce plan magnifique et trop peu connu d'éducation républicaine. Je vais tâcher de vous en décrire les traits principaux : c'est bien, à mon avis, le système d'éducation normal, logique, nécessaire, celui autour duquel nous tournerons peut-être longtemps encore et que nous finirons, un jour ou l'autre, par nous approprier.

Condorcet, d'abord, fondait l'enseignement sur une base scientifique. A ce moment, le vieil enseignement littéraire de l'Église avait encore de brillantes apparences ; les colléges des jésuites formaient des élèves incomparables pour les vers latins et pour les exercices de mémoire ; cette tradition, du reste, ne s'est pas interrompue ; j'ai connu un jeune homme qui avait été élevé chez les jésuites et qui en avait rapporté un grand profit ; il pouvait, en sortant de leur collége, réciter l'*Iliade* tout entière, les *douze chants*, en commençant par le dernier vers. (*Rires.*)

Condorcet exécute, en quelques mots, ce système classique qui n'est bon, dit-il, qu'à former des dialecticiens et des prédicateurs ; il veut que désormais on forme des hommes et des citoyens.

Ce vieux système, Messieurs, prenons-y garde, n'est pas si mort qu'on pourrait croire ; nous y avons tous passé, je parle pour moi au moins ; sans remonter bien haut, il y a une vingtaine d'années, l'enseignement de l'Université française ressemblait singulièrement à celui des jésuites, et il semblait qu'on ne se proposât d'autre but dans les colléges, que de former des gens capables d'exprimer leurs idées..... et pour tout dire d'un mot, rien que deux espèces d'hommes : des journalistes et des avocats.

Je suis avocat, journaliste, et par conséquent je dois de grands égards à ces deux professions ; seulement je conviens, entre nous, que si l'humanité ne se composait que de journalistes et d'avocats, elle ferait une assez triste humanité. (*Applaudissements.*)

Non, ce qu'il faut former, ce ne sont pas des virtuoses assemblant des phrases avec art, ce sont des hommes et des citoyens ! Cette idée domine tout le plan de Condorcet. C'est pourquoi il donne à l'enseignement général une base scientifique ; il entendait par là non pas seulement les sciences mathématiques et naturelles, mais les sciences morales. Dans les pages consacrées à l'enseignement primaire, il est vraiment exquis de voir ce grand esprit se faisant petit pour les petits, expliquant que la lecture et l'écriture ne doivent être que les instruments de la première éducation morale, détaillant avec précision, avec tendresse, peut-on dire, la façon de confectionner le petit livre qui sera mis sous les yeux de ces petits enfants, les histoires que l'on y placera, les commentaires dont on doit les orner. Pour lui, la science morale doit se trouver au bas de l'échelle comme au sommet.

Ayant établi cette base, Condorcet y superposait trois étages : un enseignement primaire, un enseignement secondaire et un enseignement scientifique ou supérieur.

Dans sa pensée, ces trois degrés d'institution devaient être gratuits et communs à tous ; c'est là le côté grandiose de la conception ; ces trois degrés, qui s'étendent de 6 à 18 ans, comprennent d'abord l'enseignement primaire qui va de 6 à 10 ans, et qui se compose de la lecture, de l'écriture, de la morale, qui prend l'enfant dès le jeune âge, et qui a surtout pour but de lui révéler la grande famille à laquelle il appartient et qui s'appelle la patrie ; après la morale, le calcul qui doit être poussé très-loin, parce qu'il est nécessaire à tout le monde, enfin l'histoire naturelle la plus élémentaire enseignée à l'enfance d'une façon toute particulière, analogue à la méthode actuelle des écoles primaires de l'Amérique du Nord.

J'entends par là un interrogatoire que le maître fait porter sur les choses, sur leur nature, sur leur provenance, sur les objets familiers, de manière à faire entrer dans l'esprit de l'enfant des notions exactes sur la composition et sur les usages des choses qui l'entourent.

Au second degré d'enseignement, — il y a là une conception profonde de la part de Condorcet, — le cours se divisait en deux parties, et cette division en deux parties avait cet avantage de résoudre un problème qui a préoccupé beaucoup d'esprits en ce temps-ci, qui les préoccupe encore, et qui va revenir, un jour ou l'autre, devant l'assemblée du pays : le problème de l'organisation de l'enseignement professionnel. Je crois qu'on n'a jamais touché de plus près la solution que Condorcet. Il établissait une instruction générale où l'on apprenait tout ce qu'il faut savoir de toutes les sciences, sans entrer dans le détail professionnel, et, à côté, des cours spéciaux entre lesquels l'élève pouvait choisir, qui fournissaient à chacun le moyen d'approfondir, au point de vue des professions diverses, les connaissances esquissées dans la section d'instruction générale.

Voilà ce que je voulais dire du système de Condorcet, et ce vaste enseignement, commun à tous les citoyens, qui prenait l'enfant à l'âge de 6 ans et qui le menait jusqu'à 18 ; ce vaste enseignement devait être GRATUIT, et le philosophe expliquait, par des raisons sur lesquelles je n'ai pas à revenir, comment cette gratuité était le seul système en harmonie avec une société démocratique. (*Applaudissements.*)

Le plan de Condorcet, ce qu'on a appelé l'utopie de Condorcet, survécut à son auteur. Il inspira toutes les discussions sur l'enseignement qui suivirent ; la Révolution a vécu là-dessus pendant longtemps.

A la Convention, Condorcet étant mort, de cette mort subite que vous savez, après avoir écrit ce magnifique tableau *des Progrès de l'esprit humain*, qui est un des titres les plus glorieux de la pensée humaine, au xviii° siècle, son plan d'éducation fut l'objet des plus vives attaques ; on ne craignit pas de lui opposer un système trouvé dans les papiers de Lepelletier de Saint-Fargeau, ce conventionnel qui fut, comme vous le savez, assassiné dans un café par le garde du corps Pâris. Ce système était très-long, très-diffus, d'ailleurs tout à fait digne d'une république antique, une rêverie spartiate : le fond, c'était que l'enfant devait être enlevé à sa famille et appartenir à la République. Robespierre, qui prétendait, uniquement parce qu'il n'en était pas l'auteur, que le plan de Condorcet n'avait aucune valeur, défendit, assez faiblement d'ailleurs, les conceptions de Lepelletier. Mais la Convention, qui était une assemblée d'un grand bon sens, les rejeta avec ensemble. Duhem, qui était montagnard, et non des moins farouches, s'écria : « Nous ne voulons pas de la république de Sparte, car Sparte n'était qu'un couvent » (il avait raison), et Grégoire dit : « Ce n'est pas par là que nous réformerons l'éducation ; l'enfant appartient à la famille, laissons-le-lui, mais instituons un système nouveau d'éducation. *Reconstituons la nature humaine, en lui donnant une nouvelle trempe !* Il faut que l'éducation publique s'empare de la génération qui naît ! »

Donner une nouvelle trempe à l'humanité : tout le xviii° siècle est dans ces paroles : elles le peignent tout entier : philosophes et législateurs. Le xviii° siècle n'avait rêvé rien moins que de régénérer l'humanité tout entière, et là, Messieurs, seront sa gloire et son honneur éternels. (*Applaudissements chaleureux.*)

Malheureusement, Messieurs, il manquait à ces grandes pensées le nécessaire, l'indispensable des grandes œuvres, l'argent ! La Convention n'était pas riche ; il n'a jamais été donné, à un grand pays, de mener de front ces deux choses : la guerre et l'éducation du peuple. (*Applaudissements.*) Il faut choisir, et la Convention n'était pas libre dans son choix ; elle a sauvé la patrie, mais elle ne pouvait pas sauver l'éducation. On voit dans l'histoire de ce temps, si bien racontée par notre illustre maître, M. Carnot, que le comité d'instruction publique de la Convention faisait des prodiges d'activité, qu'il rivalisait, à cet égard, avec le Comité de salut public, mais il n'en était pas moins le plus à court ; l'argent manquait, et on aboutit dans les derniers jours de la Convention, alors que l'enthousiasme républicain sortait un peu éteint de tant d'orages, à un projet tout à fait modeste qui ne comprenait que l'instruction primaire et qui avait le grand tort de ne pas la rendre obligatoire. Puis les événements suivirent leur cours ; l'esprit public s'affaissa ; l'horizon devint de plus en plus sombre et plus sanglant ; l'Empire arriva, ce fut la nuit.... (*Tonnerre d'applaudissements*), et en fait d'instruction publique, le premier empire ne nous donna que deux choses : l'école du peloton et l'école des frères ignorantins. (*Nombreux applaudissements.*)

Oui, Messieurs, on trouve, une fois, dans les budgets du premier Empire, une subvention magnifique, digne de ce grand gouvernement, une subvention de 4,654 francs pour les frères ignorantins ! Et c'est tout ce que fit l'Empire pour l'instruction du peuple !

Depuis, vous savez quels efforts ont été faits, et combien les résultats laissent à désirer, malgré tant d'apôtres de l'enseignement populaire qui se sont rencontrés dans ce grand pays de France, et qui n'ont certes, comme celui qui nous préside à cette heure, marchandé à cette sainte cause ni le courage, ni l'éloquence. (*Bravo ! Bravo !*)

Nous n'avons pas renoncé aux traditions de Condorcet ; nous cherchons à les réaliser sans y parvenir ; mais voici un phénomène admirable, et c'est surtout pour vous le décrire que je suis venu à cette tribune. Cette tradition qui sortait des entrailles, de l'esprit et du génie français ; cette tradition, qui était l'œuvre propre et glorieuse du xviiie siècle, eh bien ! où fleurit-elle, où rayonne-t-elle à cette heure, de façon à nous éblouir et à nous confondre ? Par delà les mers, dans la libre et républicaine Amérique.

Il se passe là une chose curieuse, admirable, et qui, comme Français, me ravit ; il y a là un système d'éducation qui est la réalisation, mot pour mot, du plan de notre grand Condorcet. Tout s'y retrouve, non pas sous la forme de ces plans qui honorent les assemblées qui les émettent, alors même qu'elles ne peuvent pas les réaliser, mais dans la vérité, dans la réalité, dans la pratique des choses. Tout s'y retrouve : d'abord l'enseignement à base scientifique, puis l'enseignement gradué comme le voulait Condorcet, et qui dure le même nombre d'années, qui prend l'enfant à six ans, et qui ne le laisse qu'à quinze ans.

Cet enseignement américain se divise en trois degrés de quatre ans, chacun. Par suite, il y a, en Amérique, trois sortes d'écoles publiques. Toutes les écoles dont je vais parler sont publiques, subventionnées non pas par l'État ; en Amérique, l'État est un pauvre (*Rires*) ; c'est la commune qui est riche, et c'est elle qui paye, en grande partie, toutes ces écoles ouvertes à tous. Les trois degrés s'appellent : l'enseignement primaire, l'enseignement de grammaire (*grammar school*), et le haut enseignement (*high school*). C'est exactement l'idée de Condorcet. Ces trois espèces d'écoles sont également répandues sur tout le territoire, et l'Amérique fait preuve en cela d'une singulière puissance. La loi impose à toute commune (*township*, petit district), d'avoir non-seulement une école primaire, — cela c'est bon pour la France, — mais comme il convient à cette grande Amérique, où tout se taille dans le grand, chaque commune est obligée d'avoir une haute école. Cela vous étonne, Messieurs, moi aussi j'ai été surpris, et j'ai cru, en vérité, lire quelque beau roman social, ou quelque conte de fée. Eh! bien, non; cette découverte a été faite, elle est authentique, officielle, et elle est consignée dans le plus officiel de tous les documents : un rapport fait au ministre de l'instruction publique par un honorable inspecteur de l'Université, professeur à la faculté des lettres, M. Hippeau, que M. Duruy avait envoyé en Amérique en mission spéciale. Cet homme excellent, mais en sa qualité d'universitaire français, ayant bien, comme vous pensez, quelques préjugés, pouvait juger l'Amérique en complète impartialité. Il en convient, il ne se doutait pas de ce qu'il allait rencontrer; mais aussi comme il a bien vu, comme il a bien dit, et comme il ne marchande pas les éloges aux choses qu'il a vues! C'est un guide sur lequel on peut se reposer. C'est lui qui nous explique ce grand phénomène de la gratuité de l'enseignement, en Amérique, non-seulement pour l'enseignement primaire, non-seulement pour l'enseignement secondaire, non-seulement pour l'enseignement que nous appelons supérieur, dans notre langue à nous, non-seulement pour l'enseignement spécial et professionnel, mais pour une partie du haut enseignement humanitaire. En effet, il y a en Amérique, dans toutes les cités qui comptent cinq cents familles, une école dans laquelle on apprend, en premier lieu, toutes les sciences positives qui font l'objet de nos trois degrés d'enseignement français, où l'on apprend, en second lieu, du latin et du grec tout ce qu'il importe d'en savoir; on n'apprend pas à faire les vers latins, mais on apprend à lire les auteurs latins qui ne sont pas trop difficiles. Voilà ce qui est enseigné gratis à *sept millions d'enfants*, tandis qu'en France nous comptons à peine 500,000 enfants qui fréquentent les écoles primaires. L'Amérique a 200,000 écoles publiques et gratuites; l'Amérique a un budget de l'instruction publique, qui n'est pas le budget de la République américaine, mais qui est le budget des différents États, et surtout le budget des communes, et la somme totale est, savez-vous de combien? C'est admirablement effrayant ; la libre Amérique dépense tous les ans 450 millions pour les écoles publiques, et moyennant ces 450 millions, on ouvre généreusement toutes les grandes sources du savoir humain à sept millions d'enfants, et l'on donne à ces sept millions d'enfants de toutes les classes une instruction qui n'est reçue que par le petit nombre des enfants de la bourgeoisie de France. (*Applaudissements.*)

Et ce n'est pas tout, Messieurs : il n'y a pas seulement l'instruction gratuite, commune et publique, il existe côte à côte, des pensions payantes, il y a de grands collèges, des académies, des universités, des fondations particulières, à nous faire rentrer sous terre d'humiliation.

Comment subvient-on à de si grandes dépenses ? Voici le secret de ce budget. D'abord dans tous les États nouveaux le Congrès a décidé, il y a environ vingt ans, que le trente-sixième de la surface de chaque commune appartiendrait à l'école. Dans ce pays où la terre abonde, et où elle se divise géométriquement, chaque commune formant un carré, comprend environ six milles de superficie, soit deux de nos lieues carrées ; chaque carré communal est divisé en trente-six parties égales et l'une de ces parties appartient à l'école. Voilà la première source.

Seconde source : Il y a une quinzaine d'années, le budget de la république fédérale se trouva possesseur d'un excédant de 150 millions, voilà de ces choses qui ne se rencontrent qu'en Amérique (*Applaudissements*), la république américaine fut fort embarrassée, vous le comprenez : 150 millions de trop, dont on ne sait que faire ! elle n'hésita pas, elle les restitua aux États en les priant seulement de les employer au chapitre de l'instruction publique.

Toutefois, d'après les calculs de M. Hippeau, ces deux ressources, si considérables qu'elles soient, ne représentent pas, pour l'année 1866, le onzième de la dépense totale de l'instruction publique : de telle sorte que le reste de cette dépense a été fait par des taxes locales, levées sur la propriété. Messieurs, il y a là un grand spectacle et un grand enseignement, et s'il en est ainsi, la situation de l'enseignement public en Amérique peut se résumer dans les termes suivants :

En Amérique, le riche paye l'instruction du pauvre. Et je me permets de trouver cela juste. (*Applaudissements.*)

Messieurs, il y a deux manières de comprendre, en ce monde, le droit de la richesse; il y a celle du riche content de lui, qui s'étale dans son bien-être, et qui éclabousse le pauvre, en disant, comme le pharisien de l'Évangile : « Mon Dieu ! que je vous remercie de ne pas m'avoir fait naître parmi ces misérables. » Celui-là est un satisfait, il estime qu'il est dans son droit, et que personne au monde n'a rien à lui demander; laissons-le s'épanouir dans sa tranquillité; mais sans mettre en question aucun principe social, disons que les âmes délicates se font une autre idée du devoir de la richesse. Celui-là est bien étranger aux délicatesses de l'âme humaine, qui n'a jamais été frappé de ce qu'il y a d'inouï et de choquant dans la répartition des biens de ce monde ! Pour moi, je l'avoue, ce trouble de conscience, cette secrète inquiétude qu'inspire le spectacle de l'extrême inégalité des conditions, je l'éprouve depuis que j'ai l'âge de raison, et je me suis fait un devoir, c'est de chercher à atténuer, autant qu'il sera en moi, ce privilége de la naissance, en vertu duquel j'ai pu acquérir un peu de savoir, moi qui n'ai eu que la peine de naître, tandis que tant d'autres, nés dans la pauvreté, sont fatalement voués à l'ignorance. (*Bravo! bravo !*)

Aussi, je le dis bien haut : il est juste, il est nécessaire que le riche paye l'enseignement du pauvre, et c'est par là que la propriété se légitime, et c'est ainsi que se marquera ce degré d'avancement moral et de civilisation, qui peu à peu substitue au droit du plus fort, ou du plus riche, *le devoir du plus fort !* (*Applaudissements.*)

Tel est, Messieurs, l'enseignement américain ; il a un dernier caractère auquel je tiens par dessus toutes choses : c'est la liberté. Il est libre, et libre au point de ne laisser qu'une très-petite place à une institution française, à ce système de l'internat, pour lequel je professe une horreur profonde : l'internat est très-rare en Amérique, et dans tous les cas il ne s'applique jamais aux enfants d'un âge tendre, mais seulement à de grands garçons, et sans jamais prendre avec eux, comme on le fait chez nous, le caractère de la servitude et les allures de la caserne. (*Applaudissements.*)

Et savez-vous pourquoi cet enseignement a pour trait principal la liberté ? C'est qu'il dépend par dessus tout de la commune, de la généralité des habitants et de ses élus, et non d'une administration quelconque.

Les communes sont, comme je l'ai déjà dit, des groupes occupant, en moyenne, deux lieues carrées ; la population choisit elle-même son bureau d'instruction publique, ses *selectmen*, comme on dit, les uns chargés des finances, les autres du matériel, les autres de la surveillance des maîtres et des études. Et c'est comme cela qu'il y a, tout compte fait, sur la surface de l'Union Américaine, 500,000 citoyens qui se consacrent volontairement à la direction, à la surveillance, au progrès de l'enseignement. Loin d'en être amoindrie, l'initiative individuelle en est surexcitée, et l'on a souvent des exemples comme celui que je vais vous conter.

M. Vassart était brasseur dans une petite cité, dont je n'ose pas vous dire le nom, car je prononce trop mal l'anglais ; cet honnête homme, devenu fort riche à fabriquer de la bière, eut un jour le désir de fonder une école de troisième degré pour l'éducation des filles. Il s'en vint trouver le bureau d'enseignement, portant sous le bras une petite cassette ; il fit un petit discours, puis il tira de sa boîte la modeste somme de 2,500,000 francs, prélevée sur ses économies. Il l'offrait pour construire un collége de jeunes filles, avec les mêmes programmes que les colléges de garçons.

Bientôt s'élève sur les bords de l'Hudson, dans cette petite ville que je ne sais pas nommer, un palais magnifique ; il est bâti sur le modèle et sur les dimensions du palais des Tuileries ; il peut recevoir 400 jeunes filles qui y trouvent tout ce qu'il faut pour leur instruction, non point l'éducation futile des pensions de demoiselles, mais cette éducation égale, virile, qu'on réclame ardemment pour elles dans notre pays.

Je me demande pourquoi nos mœurs sont si éloignées de ces mœurs généreuses de la libre Amérique ? Ce n'est pas que nous soyons moins riches ; la richesse de la France, — ceux qui nous gouvernent l'ont dit — est inépuisable et la preuve qu'ils ont raison de le dire, c'est qu'ils ne l'ont pas épuisée (*Applaudissements*) ; mais ce qui nous manque, c'est l'habitude, le bon vouloir, la mode et, aussi, la liberté des fondations. Et c'est pour cela que nous admirerons longtemps encore l'Amérique sans rivaliser avec elle. Et c'est pour cela que cette noble utopie, qui n'est pourtant qu'une idée française, dans son origine aussi bien que dans ses détails, il n'a pas été donné à la France de la réaliser !

C'est aussi qu'ici-bas, Messieurs, on ne saurait cumuler les gloires de la guerre avec les gloires de la paix, et que quand on donne 700 millions par an au budget de la guerre, il n'est point étonnant que l'on n'en trouve plus que 50 pour l'instruction du peuple ! Il est triste de mettre nos misérables chiffres à côté des chiffres grandioses de la jeune Amérique. Il est humiliant de constater que la seule ville de New-York dépense 18 millions par an pour l'instruction du peuple, tandis que la ville de Paris, la cité opulente par excellence, la reine de l'esprit et des arts, la ville historique, qui a fait tant de choses et de si formidables, pour le peuple, et par le peuple, ne trouve à donner que 7 millions à l'éducation populaire? (*Applaudissements.*)

Je commence, Messieurs, à abuser de votre bienveillante attention, et pourtant je ne suis pas au bout de la tâche que je m'étais tracée, je ne puis pas la laisser à ce point; car réclamer l'égalité d'éducation pour toutes les classes ce n'est faire que la moitié de l'œuvre, que la moitié du nécessaire, que la moitié de ce qui est dû; cette égalité, je la réclame, je la revendique pour les deux sexes, et c'est ce côté de la question que je veux maintenant parcourir en peu de mots. La difficulté, l'obstacle ici n'est pas dans la dépense, il est dans les mœurs; il est, avant toutes choses, dans un mauvais sentiment masculin. Il existe dans le monde deux sortes d'orgueil: l'orgueil de la classe et l'orgueil du sexe; celui-ci beaucoup plus mauvais, beaucoup plus persistant, beaucoup plus farouche que l'autre; cet orgueil masculin, ce sentiment de la supériorité masculine est dans un grand nombre d'esprits, et dans beaucoup qui ne l'avouent pas; il se glisse dans les meilleures âmes et l'on peut dire qu'il est enfoui dans les replis les plus profonds de notre cœur. Oui, Messieurs, faisons notre confession; dans le cœur des meilleurs d'entre nous, il y a un sultan (*rires nombreux*); et c'est surtout des Français que cela est vrai. Je n'oserais pas le dire, si depuis bien longtemps les moralistes qui nous observent, qui ont analysé notre caractère, n'avaient écrit qu'en France il y a toujours, sous les dehors de la galanterie la plus exquise, un secret mépris de l'homme pour la femme. C'est vraiment là un trait du caractère français, c'est un je ne sais quoi de fatuité que les plus civilisés d'entre nous portent en eux-mêmes : tranchons le mot, c'est l'orgueil du mâle *(rires)*. Voilà un premier obstacle à l'égalisation des conditions d'enseignement pour les deux sexes.

Il en existe un second, qui n'est pas moins grave, et celui-là, il vient de vous, Mesdames, car cette opinion qu'ont les hommes de leur supériorité intellectuelle, c'est vous qui l'encouragez tous les jours, c'est vous qui la ratifiez (*Rires*). Oui... oui, Mesdames, je le sais, vous la ratifiez, vous êtes sur ce point-là en plébiscite perpétuel. (*Applaudissements et rires.*)

Vous acceptez ce que j'appellerai, non pas votre servitude, mais pour prendre un mot très-juste qui est celui de Stuart Mill: vous acceptez cet *assujettissement* de la femme qui se fonde sur son infériorité intellectuelle, et on vous l'a tant répété, et vous l'avez tant entendu dire, que vous avez fini par le croire. Eh bien! vous avez tort, Mesdames, croyez-moi, et si nous en avions le temps, je vous le prouverais.

Lisez du moins le livre de M. Stuart Mill sur l'*assujettissement des femmes*, il faut que vous le lisiez toutes, c'est le commencement de la sagesse ; il vous apprendra que vous avez les mêmes facultés que les hommes. Les hommes disent le contraire, mais en vérité comment le savent-ils, c'est une chose qui me surpasse. Diderot disait: Quand on parle des femmes, il faut tremper sa plume dans l'arc-en-ciel, et secouer sur son papier la poussière des ailes d'un papillon; c'est une précaution que ne prennent pas, en général, les hommes, quand ils parlent des femmes ; non ! ils ont tous une opinion exorbitante sur ce point.

Les femmes, dites-vous, sont ceci et cela. Mais, mon cher Monsieur, qu'en savez-vous ? pour juger ainsi toutes les femmes, est-ce que vous les connaissez? Vous en connaissez une, peut-être, et encore! (Rires.)

Apprenez qu'il est impossible de dire des femmes, êtres complexes, multiples, délicats, pleins de transformations et d'imprévu, de dire: elles sont ceci ou cela; il est impossible de dire, dans l'état actuel de leur éducation, qu'elles ne seront pas autre chose, quand on les élèvera différemment. Par conséquent, dans l'ignorance où nous sommes des véritables aptitudes de la femme, nous n'avons pas le droit de la mutiler. (Applaudissements.)

L'expérience, d'ailleurs, démontre le contraire de ce préjugé français; et c'est encore l'Amérique qui nous en fournit la preuve. M. Hippeau est allé à Boston, à Philadelphie, à New-York; il a visité des établissements dans lesquels sont réunies des jeunes filles destinées aux hautes études, des établissements mixtes où les jeunes filles et les jeunes garçons, par un phénomène extraordinaire, sont réunis sous l'œil d'un même maître, et cela sans aucun inconvénient pour la morale, — il faut le dire à l'honneur de cette race américaine que nous traitons parfois de si haut, que nous jugeons de loin un peu sauvage. En France, on a considéré comme un grand progrès de supprimer les écoles mixtes. En Amérique, la femme est tellement respectée qu'elle peut aller seule de St-Louis à New-York sans courir le risque d'une offense, tandis que chez nous une mère ne laisserait pas aller sa fille de la Bastille à la Madeleine avec la même confiance. (Rires.)

Dans ces écoles dont je vous parlais tout à l'heure, 12 ou 1,500 jeunes gens des deux sexes se livrent aux mêmes études; heureux sujet de comparaison: M. Hippeau l'a faite avec soin, il a voulu tout voir, s'informer de tout; et après avoir interrogé les professeurs et les élèves, il déclare qu'il est impossible de reconnaître une différence quelconque entre les aptitudes de la jeune fille et celles du jeune homme, qu'ils sont égaux en intelligence, qu'il y a des élèves forts et des élèves faibles dans les deux sexes, en proportion égale, et j'en conclus que l'expérience est faite, et que l'égalité d'éducation n'est pas seulement un droit pour les deux classes, mais aussi pour les deux sexes.

C'est, à mon avis, dans cette limite que le problème posé aujourd'hui, de l'égalité de la femme avec l'homme, devrait être restreint. Procédons par ordre, commençons la réforme par le commencement; on nous dit qu'il faut donner aux femmes les mêmes droits, les mêmes fonctions; je n'en sais rien, je n'en veux rien savoir, je me contente de revendiquer pour elles ce qui est leur droit, ce qu'on veut leur donner aujourd'hui, et le libre concours fera le reste.

Les femmes américaines se montrent du reste très-propres à certaines fonctions. M. Hippeau raconte qu'il eut l'honneur d'être présenté à une doctoresse de médecine de Philadelphie, et c'était un excellent médecin, très-bien occupé, très-bien payé. Il y a 800 femmes médecins en Amérique, 200,000 institutrices, et cela prouve jusqu'à l'évidence que, du moment où les femmes auront droit à une éducation complète, semblable à celle des hommes, leurs facultés se développeront, et l'on s'apercevra qu'elles les ont égales à celles des hommes. (*Applaudissements.*)

Mon Dieu, Mesdames, si je réclame cette égalité, c'est bien moins pour vous que pour nous, hommes. Je sais que plus d'une femme me répond, à part elle : Mais à quoi bon toutes ces connaissances, tout ce savoir, toutes ces études? à quoi bon? Je pourrais répondre : à élever vos enfants, et ce serait une bonne réponse, mais comme elle est banale, j'aime mieux dire : à élever vos maris. (*Applaudissements et rires.*)

L'égalité d'éducation, c'est l'unité reconstituée dans la famille.

Il y a aujourd'hui une barrière entre la femme et l'homme, entre l'épouse et le mari, ce qui fait que beaucoup de mariages, harmonieux en apparence, recouvrent les plus profondes différences d'opinion, de goûts, de sentiments; mais alors ce n'est plus un vrai mariage, car le vrai mariage, Messieurs, c'est le mariage des âmes. Eh bien! dites-moi s'il est fréquent ce mariage des âmes? dites-moi s'il y a beaucoup d'époux unis par les idées, par les sentiments, par les opinions? Il se rencontre beaucoup de ménages où les deux époux sont d'accord sur toutes les choses extérieures, où il y a communauté absolue entre eux sur les intérêts communs; mais quant aux pensers intimes et aux sentiments, qui sont le tout de l'être humain, ils sont aussi étrangers l'un à l'autre que s'ils n'étaient que de simples connaissances. (*Applaudissements.*)

Voilà pour les ménages aisés. Mais dans les ménages pauvres, quelles ressources, si quelque savoir reliait la femme à son mari! Au lieu du foyer déserté, ce serait le foyer éclairé, animé par la causerie, embelli par la lecture, le rayon de soleil qui colore la triste et douloureuse réalité. Condorcet l'avait bien compris, et il disait : que l'égalité d'éducation ferait de la femme de l'ouvrier, en même temps que la gardienne du foyer, la gardienne du commun savoir. (*Très-bien! très-bien!*)

Dans tous les cas, il faut bien s'entendre, et bien comprendre que ce problème de l'éducation de la femme se rattache au problème même de l'existence de la société actuelle.

Aujourd'hui il y a une lutte sourde, mais persistante entre la société d'autrefois, l'ancien régime avec son édifice de regrets, de croyances et d'institutions qui n'acceptent pas la démocratie moderne, et la société qui procède de la Révolution française; il y a parmi nous un ancien régime toujours persistant, actif, et quand cette lutte, qui est le fond même de l'anarchie moderne, quand cette lutte intime sera finie, la lutte politique sera terminée du même coup. Or, dans ce combat, la femme ne peut pas être neutre; les optimistes qui ne veulent pas voir le fond des choses peuvent se figurer que le rôle de la femme est nul, qu'elle ne prend pas part à la bataille, mais ils ne s'aperçoivent pas du secret et persistant appui qu'elle apporte à cette société qui s'en va et que nous voulons chasser sans retour. (*Applaudissements.*)

C'était bien là la pensée, à une époque récente, d'un ministre, dont je puis bien dire un peu de bien, maintenant qu'il est tombé, l'ayant beaucoup attaqué quand il était debout. Quand M. Duruy voulut fonder l'enseignement laïque des femmes, vous souvenez-vous de cette clameur d'évêques, de cette résistance qui le fit reculer et qui entrava son œuvre? Que cet exemple soit pour nous un enseignement; les évêques le savent bien: celui qui tient la femme, celui-là tient tout, d'abord parce qu'il tient l'enfant, ensuite parce qu'il tient le mari; non point peut-être le mari jeune, emporté par l'orage des passions, mais le mari fatigué ou déçu par la vie. (*Nombreux applaudissements.*)

C'est pour cela que l'Église veut retenir la femme, et c'est aussi pour cela qu'il faut que la démocratie la lui enlève; il faut que la démocratie choisisse, sous peine de mort; il faut choisir, Citoyens, il faut que la femme appartienne à la science, ou qu'elle appartienne à l'Église. (*Tonnerre d'applaudissements.*)

www.ingramcontent.com/pod-product-compliance
Lightning Source LLC
Chambersburg PA
CBHW060907050426
42453CB00010B/1587